„Tausend rote, tausend gelbe,
alle wünschen dir dasselbe!
Was mein Mund nicht sagen kann,
sagen Tulpen aus Amsterdam."

Aus dem Lied „Tulpen aus Amsterdam"

Sechzig Faltencremes?
Sechzig Hosenbügel?
Sechzig Flaschen Wein?

Kannst alles vergessen! Sechzig Jahre, das ist die wirkliche Leistung! Das heißt ein Zweidritteljahrhundert, so alt werden nur Schildkröten oder Papageien – oder Menschen, die sich einen dicken Panzer und ein buntes Gefieder bewahrt haben. Damit kommst du immer weiter, soll heißen, dieser Geburtstag ist der Anfang einer neuen Serie großartiger Null-Geburtstage, aber lass uns erst mal den genießen. Fang gleich an, am besten mit diesem fröhlichen Geschenkbüchlein!

HERZLICHEN GLÜCKWUNSCH VON:

WILLKOMMEN

IM CLUB DER SECHZIGER

Diese Karte weist dich aus als Mitglied einer privilegierten Altersklasse. Du darfst damit jeden liegen gebliebenen ADAC-Wagen reparieren, deine Pyjamahose mit Gürtel tragen, in Diskotheken unter 20 gehen, ein Bankkonto im Park eröffnen, auf den Flughäfen die Rolltreppe benutzen, im IC-Zug vorne einsteigen, auf öffentlichen Toiletten deine Beschwerden an die Wand schreiben und im Supermarkt das Obst anfassen. Und das zehn Jahre lang. Danach wird erneut verhandelt.

QUÄLENDE

Warum altert der Mensch?
Weil die Ärzte-Lobby es so will.

Warum bekommt man oft schlechte Geschenke?
Weil die Post die Pakete oft erst nach der Haltbarkeitsgrenze zustellt.

Warum kommt der Mensch so klein auf die Welt?
Weil die Frauen keine Elefanten sind.

Warum muss das Geburtstagskind immer alles bezahlen?
Weil die Gäste immer ohne Geld kommen.

Warum kommen manchmal Gäste, die man gar nicht eingeladen hat?
Weil man nicht nur Freunde hat.

Warum sagt man immer „Herzlichen Glückwunsch"?
Weil es nichts kostet.

Warum vergessen viele Menschen die Geburtstage anderer Leute?
Weil wir zu viele Menschen sind.

Warum brauchen wir so ein Büchlein wie dieses?
Weil es auch wertvolle Geschenke geben muss.

FRAGEN...

Wer trinken kann, kann auch schwimmen.
Also rein in den neuen Jahrgang!

Jetzt bist du in einem Alter, wo dich auch
die perfidesten Kampagnen der Frauen nicht mehr
von deinen lieben Gewohnheiten abhalten werden.

STANDARD - HOROSKOP

Du wirst atmen und ein Bein vors andere setzen. Deine Hände werden an deinen Armen hängen und greifen, wenn es nötig ist. Dein Kopf bleibt oben zwischen den Schultern. Du wirst müde, wenn du nicht mal schläfst, und abnehmen, wenn du nichts isst.

Die kosmische Lage: Die Sonne schwitzt stark, der Merkur steht im dritten Haus und macht blöd die Venus an. Eine starke Konstellation mit Wirkung auf deinen Tatendrang. Bleib unbeirrt und folge deinen Instinkten. Hab Mut, wenn es sich lohnt, gib auf, wenn du keine Chance hast, bleib faul, wenn andere deine Arbeit machen, und sei aktiv, wenn es um dein Vergnügen geht. Besser kann man nicht leben.

ALZHEIM R

Neue Forschungsergebnisse aus Amerika kamen zu dem Ergebnis, dass die Alzheimer nur eine Erfindung der Pharmaindustrie ist.

Bei hundert 60-jährigen Testpersonen in einem Senioren-Camp stellte man fest, dass eine gewisse Form der Vergesslichkeit immer im Zusammenhang mit dem jeweiligen Interesse der Person zusammenhing. Fragte man zum z.B.: „Wer hat heute Küchendienst?", antworteten die Testpersonen völlig verwirrt „Kölle alaaf!" oder „Hilfe, Vertreter!!!"

Fragte man aber „Wer nimmt am Rommee-Turnier teil?", so jubelten sie: „Platz da, ich komme!" oder „Jetzt zieh ich euch die Hosen runter!" oder „Wohlan, die Karten frisch gemischt!"

Ein Beweis, dass Vergesslichkeit allein eine Sache der Motivation ist.

Was meinte ich?

Frauen lieben Überraschungen und romantische Zeremonien. Kerzen gehören nun mal unabdingbar dazu. Oder trinkst du deinen Geburtstagssekt lieber vor der Ölheizung?

Sie ist nur neidisch, dass sie nicht mehr schwanger ist.

Du Sonderausgabe

Alte Hunde
werden schlapp,
alte Quellen
werden knapp.

Altes Bier
wird fad und lau,
alte Bäume
werden grau.

Alte Zeiger
sieht man kriechen,
alten Käse
kann man riechen.

Alte Wände
haben Flecken,
alte Töpfe
sind am Lecken.

Alte Hosen
kriegen Falten,
alte Felsen
kriegen Spalten.

Alte Reifen
werden platt,
alte Linsen
werden matt.

Alter Gummi
leiert aus,
alte Betten
frisst die Laus.

Nur bei dir,
muss ich gestehen,
ist das Alter
nicht zu sehen!

Geburtstagsmasken

Die „Boss-für-einen-Tag"-Maske

Die „Kommt-rein-ihr-könnt-die-Schuhe-anbehalten"- Maske

Die „Wie-lange-wollt-ihr-noch-bleiben"- Maske

Die „Bar-ist-geöffnet"-Maske

Burtsinniger Geblödstag

Was schenkte Michael Schumacher seiner Frau im Jahr 2000 zum Geburtstag?

Ferrari-Küsschen!

Vorsicht, Trickbetrüger!

Grönländische Betrügerbanden stürmen neuerdings auf Geburtstagspartys und geben sich als die verschollenen Verwandten mütterlicherseits aus. Sie saufen und fressen ohne Maß und erbrechen sich regelmäßig ins Bett der Gastgeber. Wenn man aufwacht, ist das halbe Haus abgetragen, und die angeblichen Verwandten sind längst auf einer voll bepackten Scholle in Richtung Heimat unterwegs. Die Polizei rät: Passiert ist passiert, da kann man nix machen.

SUCH, SUCH!

Fünf von den folgenden Wörtern beinhalten Alterserscheinungen. Finde sie!

Bügelfalte
Krähenfuß
Fußpilz
Biertonne
Hängebrücke
Tränensäcke
Krummdolch
Blindfisch
Orangenhaut
Löwenzahn
Klabusterbeeren

Süddeutsche Zeitung, 30.05.2001

Frauen mit breiten Hüften leben länger

Stockholm (dpa) – Frauen mit breiten Hüften leben nach einer schwedischen Studie länger und bleiben gesünder als schmale Frauen. So sei das Risiko für Diabetes und Herzinfarkt bei Frauen mit schmalen Hüften höher, berichtete die Zeitung Göteborg-Posten am Dienstag. Eine Medizinerin hatte Gesundheit und Sterblichkeit von 1462 Frauen aus Göteborg untersucht. „Die Faktoren, die die Gesundheit bei Frauen mit breiten Hüften begünstigen sind noch nicht ganz verstanden", räumte die Forscherin ein.

ALTERSANGABE VERMEIDEN

Niemals soll man bei einer Geburtstagsrede das Alter des Geburtstagskindes erwähnen, rät Dr. Wunsch, Dipl.-Psychologe und Kapazität in Sachen Festlichkeiten. Als Alternative empfiehlt Dr. Wunsch: „Gratuliere, alte Hüttel" oder „Glückwunsch, Tattersack!", das sei unverfänglich, zudem humorvoll und frei von Verletzungen. In ganz seriösen Kreisen, so Dr. Wunsch, sagt man auch ein wenig feiner: „Herzlichen Glückwunsch, Euer Altvorderer!" Jeder auf seine Art. Danke, Dr. Wunsch!

Widmete der kleine 8-jährige **Paul** seiner Oma zum Geburtstag:

Oma, liebe Oma, du,
hab dich lieb am Tag und auch Nacht,
lieb wenn du mir süße Sachen schiebst du zu
trotz Mama sagt, sollst nicht gemacht.
Hammertoll wie du den Obstler schwenkst,
und bei den Hoffentllich wirst du noch uralt sehr,
so alt wie Dinos und noch viel viel mehr.
Liebe Oma, hab dich lieb.

Der Nudelsalat

Nudeln hell und Nudeln bunt,
rückt zusammen dicht an dicht,
vermengt euch kalt im Schüsselgrund
zum beliebtesten Gericht.

Gottfried von Birkell

Erfahrung macht müde.

Was du jetzt lassen solltest

Den jungen Menschen deine alten Sexfotos zeigen

Skaterhosen tragen

Dir Haare auf den Kopf malen

An Anti-Falten-Cremes glauben

Ohne Pudelmütze und Schal im offenen Cabrio fahren

Allen zu erzählen, wie unglaublich viel du im Leben gearbeitet hast

Was du jetzt tun solltest

Endlich zugeben, dass du älter geworden bist

Deine Memoiren schreiben

Nachforschungen anstellen, was aus deinen Kindern geworden ist

Aus dem Beatles-Fanclub austreten

Dich für deinen Traumberuf bewerben

Den Schrank mit den Dias ins Meer werfen

Gaudi VERSAND — GESCHENKE-TOPHITS

SPIELEKASTEN

Wunderschöner Behälter mit den beliebtesten Spielen.
Integrierte Laufrollen und Sicherheitsschlösser,
ideal für Zwangsaufenthalte auf Flughäfen
oder verkrampfte Wartezimmerstunden.
Emthalten sind u.a.:
„Mensch ärgere dich richtig!"
(Ein Labyrinthspiel zur Rentenberechnung)
„Wetten, dass?"
(Ein Erinnerungsspiel um Treue und Gegenbeweise)
„Kur-Fürst"
(Ein Spiel mit Massagen, Packungen und Wassertreten)

Bestell-Nr. 600 768

HALSGLOCKE

Jederzeit erreichbar sein, das will jeder.
Mit diesem Naturprodukt kein Problem mehr!
Jeder hört Sie, nur suchen muss man Sie selber.
Zusätzlich verfügt die Glocke über eine Erinnerungs- und
Weckfunktion und stufenlose Klöppel-Schlagfolgen-
Einstellung. Ein Meisterwerk aus der Lothringischen
Glockengießerei.

Bestell-Nr. 600 771

CHECK-TOP

Health-Organisator.
Mini-PC und Medizin-Equipment für
Selbstanalysen und Heimchirurgie
mit Blutwert-Programm und Schnittmustern.

Bestell-Nr. 600 941

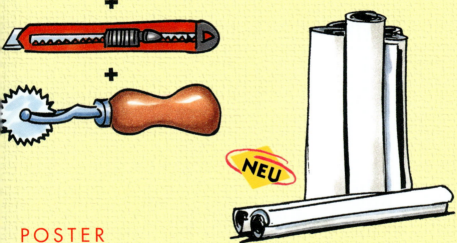

POSTER

Seltene Aufnahmen von Promis der 50er- und 60er-Jahre, in Farbe, Format A1.
Motiv 1: Heinrich Lübke liest Briefmarken, *Bestell-Nr. 600 554*
Motiv 2: Sepp Herberger versohlt Fritz Walter, *Bestell-Nr. 600 555*
Motiv 3: Beatles im Puff, *Bestell-Nr. 600 556*
Motiv 4: Robert Lembke füttert Schweine, *Bestell-Nr. 600 557*
Motiv 5: Kommune eins in Monza, *Bestell-Nr. 600 558*
Motiv 6: Walter Ulbricht im Windkanal, *Bestell-Nr. 600 559*

Geburtstag, heute! – Eine Aufzeichnung

20.30 Uhr: Frau Herrmann, die Nachbarin, tritt gleich nach dem Essen vor und gibt ein wunderschönes, selbst gereimtes Gedicht zum Besten. Großer Applaus.

20.45 Uhr: Arbeitskollege Zöch hat auch ein Gedicht gemacht. Es beinhaltet seine gemeinsame berufliche Lebenszeit mit dem Jubilar und ist voll lustiger Anspielungen und frivoler Erinnerungen. Großes Gelächter.

21.03 Uhr: Großvater Albert zitiert ein altes Mundartgedicht in Altfriesisch. Keiner versteht ein Wort, aber alle klatschen gutwillig.

21.15 Uhr: Robert und Renate verteilen Manuskripte mit dem umgewandelten Text von „Unter sieben Brücken" von Peter Maffay: „Unter sieben Weibern soll er stehn ..." Alle singen fröhlich mit, nur Pastor Eckelmann und Lehrer Matthies wirken verkrampft.

21.20 Uhr: Die Freunde aus dem Kegelverein führen in schriller Kostümierung eine lustige Posse auf, die wohl nichts mit dem Geburtstag zu tun hat, aber mächtig für Stimmung sorgt.

21.45 Uhr: Auftritt der wohlbeleibten Sportkameraden aus dem Tennisverein in Ballettkleidchen. Unglaublich lustig. Die Gäste toben.

22.10 Uhr: Das Geburtstagskind wird von den Damen des Kochclubs wie ein Baby verkleidet und muss Brei essen, Milch trinken und wird gewaschen und gewindelt. Das Publikum brüllt vor Lachen.

22.38 Uhr: Anna Kronzuber, ein verstecktes Gesangstalent, singt eine Passage aus der Oper Aida. Kommt nicht bei allen an.

22.45 Uhr: Der Nachwuchs der örtlichen Aerobic-Gruppe führt eine Tanznummer nach einem Lied von Britney Spears auf. Die Eltern der Beteiligten sind aus dem Häuschen.

23.05 Uhr: Großvater Albert möchte im alkoholisierten Zustand mit hochprozentigem Rum eine Feuerschluckernummer darbieten. Sanfte Einflussnahme beherzter Verwandter verhindert Schlimmeres.

23.14 Uhr: *Lehrer Matthies trägt ein Gedicht von Brecht vor. Die Stimmung ist gedrückt.*

23.29 Uhr: *Jupp Schmelzer offenbart sein komödiantisches Talent und präsentiert eine großartige Nummer im Stil eines Büttenredners. Riesenspaß. Viele sind der Meinung, das gehört ins Fernsehen.*

23.42 Uhr: *Der Saal wird umgeräumt. Die Damen des Häkelclubs machen eine Stepp-Vorführung wie bei Riverdance. Die Gäste stehen auf den Stühlen.*

00.32 Uhr: *Der völlig betrunkene Opa Albert drängt sich in die Saalmitte und versucht, von seinen Erlebnissen am Tag seines Geburtstages an der Westfront zu erzählen. Man entwendet ihm das Mikrofon.*

00.36 Uhr: *Timo Köster demonstriert in „Wetten, dass?"-Manier, dass er in der Lage ist, mittels der Schaufel seines neuen Caterpillars 963 B, dem Geburtstagskind eine Glasvase mit Blumen zu überreichen. Es glückt. Die Gäste tragen ihn auf Händen.*

01.22 Uhr: *Die Mitglieder des „Modern-Vision-Clubs" präsentieren eine Lasershow, die alle umhaut. Die Gäste sind wie betäubt.*

02.14 Uhr: *Opa Albert will mit seinen dritten Zähnen ein Stromkabel durchbeißen. Er hat jede Kontrolle verloren und wird resolut hinausgeführt.*

02.50 Uhr: *Der Saal wird völlig umgeräumt. Carmen Köster demonstriert eine Elefantendressur, wie sie noch keiner gesehen hat. Alle sagen, dass sie schon immer gut mit Tieren umgehen konnte. Frenetischer Jubel.*

03.30 Uhr: *Der Maurer Hans „Hanni" Bertram will den Südflügel der Gaststätte zum Einsturz bringen und aus den Steinen dem Geburtstagskind bis zum Morgen ein Denkmal mauern. Kann mit Mühe verhindert werden.*

03.47 Uhr: *Der Discjockey fragt, ob er jetzt Musik machen soll.*

Du warst schon Street Fighting Man, da dachte Sie noch, „Rolling Stones" sei ein mobiler Steinmetz.
Außerdem, wer hat dir denn den Ghettoblaster geschenkt?

WIE FEIERT WER?!

DER MARATHON-LÄUFER

Ort der Feierlichkeit: Laufband · *Speisen:* Kohlehydrate · *Getränke:* Mineralwasser aus Pappbechern · *Musik:* Herzschrittmacher und Lungenautomat · *Bekleidung:* Atmungsaktiv · *Darbietungen:* Sportgedichte und Asketenkomik · *Launefaktor:* Kärglich · *Hemmschwelle:* Groß · *Niveau:* Schwitzig · *Ende:* Im Ziel.

DER LEHRER

Ort der Feierlichkeit: Bibliothek · *Speisen:* Kartoffelsuppe, Schaf- und Ziegenkäse · *Getränke:* Wein aus der Provence, Früchtetees · *Musik:* Jazz, Salsa und Konstantin Wecker · *Bekleidung:* Jeans, Cord, Pullover und lange Röcke · *Darbietungen:* Gedichte, Referate und Couplets · *Launefaktor:* Bemüht · *Hemmschwelle:* Kopf · *Niveau:* Hoch · *Ende:* Wenn es klingelt.

WIE FEIERT WER?!

DAS WAR DER HAMMER!

Zu Rüdigers Geburtstag erschien der längst verschollen geglaubte Onkel Herbert, der in Australien von den Aborigines großgezogen wurde und über die Deutsche Welle von Rüdigers Geburtstag Wind bekommen hatte. Eine echte Geburtstagsüberraschung. Mal was ganz anderes. Nicht immer die ewigen Eskimotanten oder die alte Ziehmutter aus dem Sudan.

Geburtstag im All?

Wirklich kein Problem mehr. Die NASA hat ein Birthday-Shuttle entwickelt, mit dem bis zu 100 Gäste in den Weltraum geschossen werden können. Im Angebot ein reichhaltiges Nahrungs-Tabletten-Menü, Getränke aus der Schnullerflasche und Musik aus dem Cockpit. Die Tour geht direkt zum Mond, als Sonderangebot gibt es dort eine Polonäse zum Meer des Staubes, eine lustige Steinschlacht mit Mini-Meteoriten und eine Krater-Pool-Party, mit Aufpreis auch ein kleines Sternschnuppen-Feuerwerk. Zur Verfügung steht zudem ein Moon-Car für kleinere Ausflüge. Es gilt als Geheimtipp, dieses Gefährt mit verhassten Verwandten zu beladen und sich vor deren Rückkehr aus dem Staub zu machen.
Der ganze Spaß ist nicht billig. Pro Person 500 000, aber man kann noch etwas handeln.

BASTEL DIR DEINE EIGENE
GEBURTSTAGSKARTE!

-- ✂ -

Überraschung!

Rate mal!

Hab was Leckeres für Dich!

Vorsicht Heiss!!

Nur eine Kleinigkeit!

Gute Ideen · Gute Ideen · Gu

Lass doch deinen Geburtstag mal ausfallen! Kostet dich nix und merkt kein Mensch.

Wünsch dir doch mal von allen dasselbe. Damit machst du dann einen Laden auf und wirst reich. So hat es Bill Gates gemacht, der hatte sich damals von allen seinen Freunden nur Computer gewünscht.

Um Beschwerden von den Nachbarn wg. allzu lauter Musik vorzubeugen, verschenkst du an alle Mieter vorher leckeres Konfekt. Natürlich ist das vorher mit einem starken Schlafmittel präpariert worden. Leichte Dosis wirkt für 12 Stunden, und du kannst in Ruhe Krach machen. Wenn du ganz sicher sein willst, geht auch ein Karton Konfekt an die nächste Polizeiwache in deiner Nähe.

Wenn du einem Geburtstagskind eine richtig große Freude machen willst, dann trage ein Gedicht vor. Es sollte nicht zu schwer sein und die 50 Kilo nicht überschreiten.

Gute Ideen · Gute Ideen · Gute Id

Um alkoholischen Auswüchsen auf deiner Party entgegenzuwirken, schenkst du am besten nur Säfte und Mineralwasser aus. Dann bist du wenigstens schnell alleine und kannst früh ins Bett gehen.

Bei schlechtem Wetter feierst du am besten drinnen, bei gutem Wetter draußen.

Alle Speisereste vom Geburtstagsessen einfach in den Mixer und mit Zement und Wasser vermischen, in eine Form gießen, innen etwas aushöhlen, einen Tag erkalten lassen und fertig ist ein hübscher Aschenbecher oder eine dekorative Vase, wie belieben.

Um der lästigen Nichtraucher Herr zu werden, schaffst du am besten außerhalb der Räumlichkeiten eine Nichtrauchersektion, das kann die Mülleimerbox im Hof sein oder eine Garagenauffahrt. Da können sie dann über Krankheiten labern und sich gegenseitig anhauchen, das stört so keinen.

Peter Butschkow
1944 in Cottbus geboren, studierte Grafik in Berlin
und jobbte als Trommler in einer Rockband.
In den siebziger Jahren arbeitete er freiberuflich
als Grafiker und Zeichner in Berlin.
Seit 1988 lebt der Vater zweier Söhne
als freischaffender Cartoonist in Nordfriesland.

© 2008 Lappan Verlag GmbH
Postfach 3407 · 26024 Oldenburg
www.lappan.de
Gesamtherstellung:
Leo paper products, Hong Kong
Printed in China · ISBN 978-3-8303-4173-4

Geburtstagsbücher, die Spaß bringen!

Für Männer:

ISBN 978-3-8303-4169-7

ISBN 978-3-8303-4170-3

Für Frauen:

ISBN 978-3-8303-4175-8

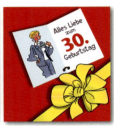
ISBN 978-3-8303-4176-5

ISBN 978-3-8303-4171-0

ISBN 978-3-8303-4172-7

ISBN 978-3-8303-4177-2

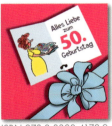
ISBN 978-3-8303-4178-9

ISBN 978-3-8303-4173-4

ISBN 978-3-8303-4174-1

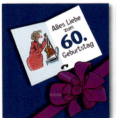
ISBN 978-3-8303-4179-6

ISBN 978-3-8303-4180-2

Wir informieren Sie gern über das komplette Programm von Lappan.
Lappan Verlag GmbH · Postfach 3407 · 26024 Oldenburg · **www.lappan.de**

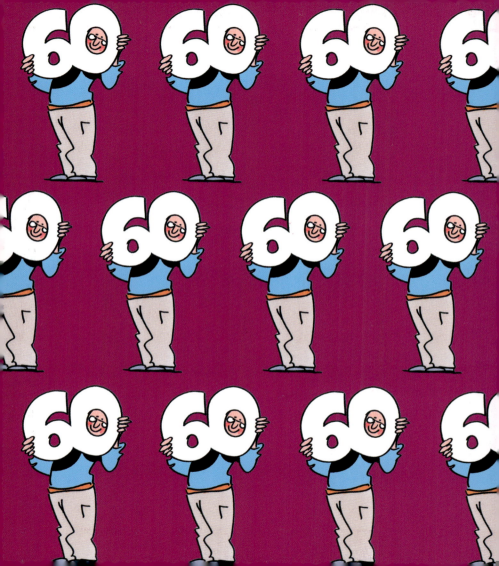